Mon portrait / *My portrait*

PARIS

MON CAHIER DE COLORIAGE

Paris

THE PARIS COLORING BOOK

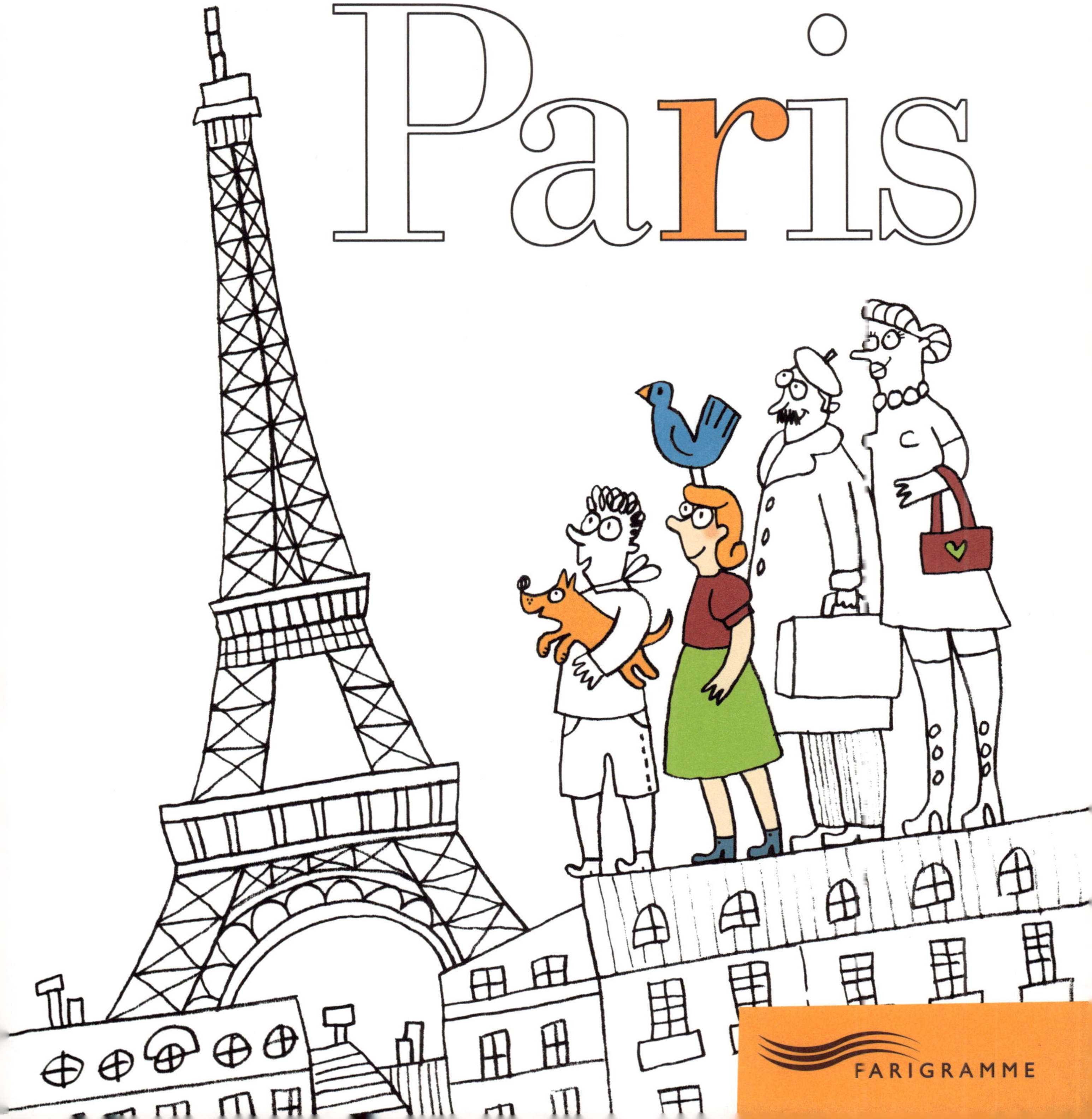

FARIGRAMME

CONCORDE
1404

au musée

Souvenirs de Paris

L'Arc de Triomphe

La marchande de quatre-saisons

ZOO

POMP'S
Chic
BO*

Chic
BO*

Picasso
merci

Picasso
merci

du BON

FRUIT
Fromage

MADAME MEPHISTO
MOULIN ROUGE
MUSIC HALL
LA REVUE
MATINÉE à 2H
MOULIN ROUGE
Madame Méphisto
PARIS

MADAME MEPHISTO
MOULIN ROUGE
MUSIC HALL
LA REVUE
MATINÉE à 2H
MOULIN ROUGE
Madame Méphisto
PARIS

SOUVENIR
DE
Paris

PARIS

SOUVENIR
DE
Paris

PARIS

Achevé d'imprimer en mars 2010 sur les presses de l'imprimerie Sagim
Dépôt légal : février 2010
ISBN : 978-2-84096-542-8